PETITES LETTRES POLITIQUES

ADRESSÉES

A LA GAUCHE-BARROT,

Par LOUIS ROCHAT.

PARIS,

CHEZ DENTU, LIBRAIRE, PALAIS-ROYAL,

GALERIE D'ORLÉANS.

1844.

Typogr. d'Amédée Saintin, rue Montmartre, 76.

PRÉFACE.

Ce travail se composera de quatre parties :

Dans la première, nous critiquons la politique suivie depuis dix ans par la Gauche-Barrot ;

Dans la seconde, nous indiquons à grands traits la politique qu'elle devrait suivre ;

Dans la troisième, nous montrerons comment elle doit s'organiser ; nous exposerons d'une manière complète le plan d'organisation, dont le résumé a été présenté par nous à ses chefs, ;

La quatrième partie enfin offrira l'examen détaillé de toutes les réformes, dont l'ensemble devrait, suivant nous, former son programme politique.

La troisième partie de ce travail paraîtra dans quelques jours, et la dernière peu de temps après la troisième.

PETITES LETTRES POLITIQUES

ADRESSÉES

A LA GAUCHE-BARROT.

PREMIÈRE LETTRE.

Sous un gouvernement constitutionnel peuvent être faites deux sortes d'opposition, non pas seulement distinctes, mais profondément différentes : l'opposition contre les choses et l'opposition contre les personnes. Signaler un vice social grave, et faire prévaloir quelqu'importante réforme destinée à le corriger, voilà le but de la première; arracher le pouvoir aux mains qui le possèdent pour s'en emparer, voilà le but de la seconde. Tout le travail de la première, c'est de présenter sans cesse et sous toutes leurs faces ses grands principes, de mettre soigneusement en lumière et les biens qu'ils procureraient et les maux auxquels ils remédieraient, de pénétrer chaque jour davantage la nation de leur importance et de la passionner pour leur triomphe. Tout le travail de la seconde, c'est de miner sourdement le ministère qu'elle veut renverser et remplacer. Tantôt elle excitera des divisions entre les membres du cabinet; tantôt s'attaquant avec acharnement à ceux d'entr'eux qui ont le plus d'influence, elle s'étudiera à les déconsidérer et à les dépopulariser par des récits calomnieux de leur vie passée, par une fausse interprétation donnée sciemment à leurs plus belles paroles, par une portée démesurément exagérée attribuée à leurs moindres fautes. Vous la verrez aussi s'efforçant soit de gagner secrètement quelques-uns de ses adversaires par des promesses hypothéquées sur son arrivée au pouvoir, soit de s'emparer de tous les organes de la publicité, et d'ôter ainsi tout retentissement aux voix hardies et généreuses qui voudraient la dénoncer.

De ces deux oppositions, l'une agit noblement au grand jour et s'adresse à tout ce qu'il y a de plus élevé dans l'homme, son intelligence et sa moralité; l'autre tracasse sournoisement dans l'ombre et s'adresse aux mauvais instincts de notre nature, la malignité et l'égoïsme; l'une prêche, l'autre intrigue; l'arme de l'une est la logique, les armes de l'autre sont le sophisme, la diffamation et la corruption. L'opposition contre les choses agite sans doute les sociétés, mais avec quelle puissance ne les sert-elle pas? c'est à elle que de tous temps ont été dûs ces grands mouvements régénérateurs, qui ont imprimé à la civilisation une marche plus libre, plus sûre et plus rapide. L'opposition contre les personnes agite les sociétés sans les servir. Aussi celle-là excite l'admiration et les sympathies des hommes ; et celle-ci n'excite que leur indifférence et leurs dédains. Les noms des Luther, des Voltaire, des Mirabeau, des O'Connell, seront dans tous les temps bénis et glorifiés ; quand aux Shaftesbury, aux Bolingbrocke, aux Walpole, etc., quant à ces hommes dont l'ambition ardente et étroite, dont les tristes intrigues et les misérables rivalités ont si stérilement remué leur pays, si la postérité daigne jamais s'occuper d'eux, ce sera pour les condamner et les flétrir.

Si votre opposition, Messieurs, n'obtient pas auprès du pays plus de succès, c'est qu'elle n'est pas assez nationale, qu'elle est presque exclusivement dirigée contre les personnes, et elle est presque exclusivement dirigée contre les personnes, parce qu'elle se subordonne à celle d'un homme d'État éminent sans doute, mais auquel l'opposition contre les personnes doit surtout convenir, M. Thiers.

Votre mission qu'elle est-elle ? C'est de fonder, par de larges réformes, sur les ruines de toutes les factions aristocratiques et autocratiques un gouvernement fortement national, et par ce gouvernement d'assurer à tous les légitimes intérêts du pays une satisfaction complète. Vaguement ou explicitement, voilà la mission que les électeurs vous ont donnée : voilà la mission que vous avez acceptée : l'abandonner, ce serait votre déshonneur; la remplir, votre gloire. Mais ces larges réformes, M. Thiers dans sa position (et les hommes, quelqu'honorables qu'ils soient d'ailleurs, ne sont-ils pas toujours dominés par leur position?) ne peut pas les vouloir et ne les veut pas. Son but, et le cache-t-il? c'est non pas seulement de s'emparer du pouvoir, mais de s'en emparer le plus tôt possible. Si M. Thiers acceptait vos principes et s'engageait par cette acceptation à n'arriver aux affaires qu'avec eux et par eux, il faudrait de toute nécessité qu'il attendît pour y arriver, que ces principes eussent triomphé dans la Chambre ou le pays, ce qui exigerait un temps assez long peut-être. Et c'est précisément ce que dans son impatience il ne veut pas attendre.

Mais nous allons plus loin, et nous soutenons que M. Thiers a intérêt à ce que ces principes ne triomphent pas du tout. Comment M. Thiers, admirateur et partisan secret du despotisme pourvu qu'il soit éclairé et grand, comment M. Thiers, si avide d'un pouvoir étendu, aimerait-il des réformes destinées à restreindre le pouvoir ministériel, dont il se croit à chaque instant sur le point de se saisir. Pensez-vous qu'il veuille sincèrement ce gouvernement parlementaire, que parfois, quand il a besoin de ranimer sa popularité, il réclame avec tant de vivacité et d'énergie? Il n'en est rien. Il ne veut pas plus la prépondérance parlementaire que la prépondérance monarchique; il ne veut que la prépondérance ministérielle, lui premier ministre. Ce qu'il désire, c'est être le chef absolu d'un ministère, composé d'hommes secondaires qui ne puissent opposer à sa volonté aucune résistance, et cela, sous un parlement corrompu et un roi fainéant. Ce qu'il désire, c'est ce pouvoir immense dont ont joui, particulièrement sous des régences ou de faibles monarques, les Richelieu et les Mazarin, les Ximenès et les Alberoni, les Orlow et les Potemkin, et dont jouit encore de nos jours M. de Metternich ; et il désire ce pouvoir immense pour se livrer en toute liberté à ce goût d'extension territoriale qui le possède.

Il ne peut donc point accepter vos principes et l'opposition contre les personnes est la seule qui convienne à sa position. Et depuis dix ans en a-t-il fait d'autre? Jamais.

A entendre M. Thiers, il semble que nous n'ayons plus de garanties politiques à conquérir, que nous jouissions du gouvernement constitutionnel dans toute sa pureté et son énergie. M. Thiers est-il ministre? Tout est pour le mieux en France. M. Thiers n'est-il pas ministre? Une seule condition manque à la prospérité et à la gloire de la France, c'est que M. Thiers n'est pas ministre. Tout paraît être là, selon lui. Hors du pouvoir, attaque-t-il jamais les vices des institutions? Non, mais toujours et seulement la personne même des hommes qu'il veut remplacer. Vous ne suffisez pas, je suffirais; vous ne couvrez pas la royauté, je la couvrirais; nous la couvririons, ils la couvriraient, voilà le résumé

de sa polémique contre M. Molé. Quelle grande et profonde polémique ! Voulez-vous le résumé de sa polémique contre M. Guizot? le voici: Vous avez été à Gand,
vous êtes un transfuge, un traître, vous voulez la paix à
tout prix et toujours, vous êtes un lâche, vous êtes
l'homme de l'Angleterre, vous n'agissez que par l'inspi-
ration de l'Angleterre, vous êtes vendu à l'Angleterre :
Vaines déclamations que personne ne croit, ni ceux qui
les font, ni ceux pour qui on les fait; déclamations res-
sassées cependant par ses journaux chaque année depuis 1840, et trois cent soixante-cinq fois chaque année. Quelle fécondité et surtout quelle dignité ! M. Guizot dit-il oui? il a tort. Dirait-il non? il aurait tort aussi.
E sempre malè.

Survient-il quelqu'une de ces questions souvent misérables et pour lesquelles le ministère pourrait mériter
quelques reproches? vite on s'en empare, on la grossit
outre mesure, on fait rouler sur elle toute la politique,
elle devient le thême quotidien et exclusif d'intermi-
nables variations faites pour lasser les patiences les plus
robustes. N'est-ce pas bientôt assez de Pritchard, d'Otaïti
et de Papéiti? Papéiti, Pritchard, Otaïti, que nous voulez-vous? Grand Dieu ! délivrez-nous d'Otaïti, de Papéiti et de Pritchard.

La force des choses saisit-elle quelquefois M. Thiers
malgré lui de quelque grande question de principes ou
d'utilité publique? elle n'est pour lui qu'une machine
de guerre, dont il se sert pendant le combat et qu'il re-

jetté après la victoire. Le ministre du 11 octobre, de tous ceux qui se sont succédés depuis 1830 le plus puissant par sa composition et sa durée, ce ministère qui avait traversé tant et de si grandes crises, devant quelle question est-il tombé? La conversion des rentes. Il semble donc que le premier soin du ministère qui lui succédait dût être d'accomplir cette conversion. Eh bien! il ne l'a pas accomplie, et aujourd'hui (dix ans se sont écoulés depuis cette époque) elle reste encore à accomplir! Donc la conversion des rentes n'a été qu'une machine de guerre. Quel bruit n'a pas fait la coalition au sujet du gouvernement parlementaire? Rien ne pouvait la satisfaire que ce gouvernement; il lui fallait ce gouvernement à tout prix. Mais pourquoi n'avait-on pas alors, et pourquoi n'a-t-on pas aujourd'hui ce gouvernement? Ce n'est pas que la royauté ait jamais résisté à la volonté de la Chambre, mais c'est que dans les vices de la loi électorale et dans les vices d'une administration trop centralisée qui l'arme d'influences immenses, elle trouve les ressources nécessaires pour en gagner la majorité. Donc, en bonne logique, pour obtenir le gouvernement parlementaire, il fallait réclamer les réformes électorales et administratives destinées à enlever à la royauté les ressources extra-constitutionnelles dont elle se sert; la coalition ne l'a point fait; c'est qu'elle ne voulait pas sincèrement le gouvernement parlementaire, c'est que ce gouvernement n'était pour elle qu'une machine de guerre. Si le ministère, comme on lui en a prêté l'intention, présentait dans la session qui va s'ouvrir le projet de loi de dotation, le centre gauche emploierait tous ses efforts pour le faire rejeter. Pensez-vous que ce fut par respect pour la loi qui n'admet la dotation que dans le cas d'insuffisance démontrée du domaine privé? Pensez-vous que ce fut par sollicitude pour les deniers du pays? Nullement. Le centre gauche n'aurait qu'une vue, le renversement du ministère; et le ministre renversé, il serait tout prêt à s'engager avec la royauté, pour prix du pouvoir, à faire voter cette dotation qu'il aurait fait quelque temps auparavant refuser. Le refus de la dotation ne serait donc pour lui qu'une machine de guerre.

Voilà quel a été M. Thiers hors du pouvoir; au pouvoir, quelle a été sa conduite? Lui rappelait-on quelques faibles concessions promises par lui à ses alliés? Cette question? elle sera réservée. Cette réforme? elle pourrait être avantageuse, mais elle est inopportune. Et celle-ci? il y a quelque chose à faire. Paroles évasives à l'aide desquelles les promesses les plus positives étaient éludées, et la bonhomie, la crédulité parlementaires mystifiées.

La thèse que nous venons d'établir, nous défions qui que ce soit de l'ébranler. Nous n'avons pas déclamé, qu'on ne déclame pas; à nos raisonnements qu'on oppose des raisonnements, à nos faits des faits. Devant cet ensemble de preuves qui ne se rendrait? Et quelle preuve nouvelle pourrait donc être exigée? L'aveu des coupables? Eh bien! le voici : « Nous jouerions le même air, mais nous le jouerions mieux. » Vous le voyez, ils ne cachent pas leur intrigue, ils l'étalent au grand jour ; ils n'en rougissent pas, ils s'en vantent. Pour rappeler un mot quelquefois cité, est-ce clair ? Quoi, Messieurs, vous, dont le but unique doit être de faire prévaloir quelques grandes réformes, vous allez prendre pour chef un homme qui, par sa position, ne peut pas vouloir ces réformes et qui avoue publiquement devant tous qu'il ne les veut pas ! !

Mais désirez-vous nettement reconnaître, toucher au doigt, si on peut ainsi dire, tout le néant, tout le vide de cette politique purement personnelle, que si malheureusement vous sanctionnez par vos paroles, vos votes et vos journaux? Examinons froidement, sévèrement, quel profit le pays et vous vous pouvez en attendre. Toute l'opposition de M. Thiers, depuis quatre ans, n'a qu'un but : déconsidérer M. Guizot et saper ainsi pour renverser le ministère dont M. Guizot est la base. Quel doit-être le résultat du renversement de ce ministère? voilà donc toute la question.

Serait-ce un ministère Thiers-Barrot? Mais il faudrait de ces deux choses l'une, ou que M. Barrot consentît à entrer au pouvoir sans ses principes, se déshonorât, ou que la royauté acceptât les principes de la gauche, abdiquât sa prépondérance extra-constitutionnelle : deux suppositions également et complétement inadmissibles. Un ministère Thiers-Barrot est aujourd'hui impossible.

Serait-ce un ministère Thiers pur? **Mais** d'abord quel avantage en retireriez-vous? Pour vos principes? évidemment aucun; si M. Thiers ne pouvait moralement vous refuser quelque faible concession à la Chambre des Députés, il la ferait refuser sans doute par la Chambre des Pairs. Pour vos personnes? quelques faveurs peut-être, quelques places au Conseil-d'État, quelques directions, quelques recettes. Mais si ces faveurs profitent à certains membres de votre parti, loin de profiter au parti considéré dans son ensemble, elles lui nuisent : car elles en détachent et souvent pour toujours ceux qui les ont reçues. Le jour où M. Thiers, par des satisfactions individuelles accordées à MM. Dufaure et Billaut, a détaché de vous de pareils hommes, il ne vous a pas fait une concession, il vous a porté le coup le plus funeste; il vous a affaiblis plus encore en diminuant votre puissance intellectuelle et morale que votre nombre, et il a fortifié d'autant pour l'avenir le camp de vos ennemis ou de vos faux alliés. Tout membre de votre parti, élevé aux fonctions publiques, doit être presque toujours considéré par vous comme un futur adversaire. M. Thiers sait, dit-on, résister à la royauté : peut-être. Mais est-ce dans l'intérêt de la liberté qu'il lui résiste ? Non, mais seulement dans l'intérêt de sa domination personnelle. Dès-lors, que nous rapporte sa résistance ? Du moment où ce n'est plus la volonté nationale qui prévaut, que nous importe que ce soit celle de Louis-Philippe ou de M. Thiers? s'il faut avoir un maître,

autant vaut-il que ce maître soit un roi qu'un président
du conseil. Nous ne voyons donc, quant à nous, pour
la gauche, aucun avantage à l'avènement de M. Thiers
au pouvoir. Nous disons ensuite que cet avènement,
s'il n'est pas impossible, est au moins contre toutes les
probabilités.

D'abord ce n'est pas le tour de M. Thiers ; nous par-
lons sérieusement, ce n'est pas son tour. Chacun des
trois hommes d'État, qui l'un après l'autre dirigent nos
affaires, se dépopularise au ministère chaque jour davantage, et se repopularise dans l'opposition, et d'autant plus qu'il y est depuis plus longtemps. La royauté
qui abandonne tour à tour ses instruments quand ils sont
trop dépopularisés pour qu'elle puisse les garder, et qui
les reprend tour à tour quand ils sont repopularisés,
a donc, toutes choses égales d'ailleurs, intérêt à re-
prendre celui de ces instruments qui est depuis un
temps plus long hors du pouvoir; elle a donc intérêt
à rappeler M. Molé avant M. Thiers. Le souvenir des
méfaits de M. Molé est grâce à notre incorrigible légè-
reté déjà effacé; le souvenir des fautes de M. Thiers ne
l'est pas encore. M. Thiers est d'ailleurs peu agréable à
la royauté; il s'est posé devant elle, à une certaine époque, comme son adversaire personnel, ce qu'elle ne
peut avoir oublié ; ensuite, les tendances politiques ne
sont pas les mêmes : celles de la royauté sont paci-
fiques, celles de M. Thiers sont belliqueuses. M. Thiers
est peu agréable aux conservateurs, qui se défient de

son naturel mobile, pétulant, aventureux, et que d'ailleurs il a plusieurs fois blessés par des paroles et des procédés impérieux. Il est peu agréable aussi aux cours étrangères. Nous doutons que sous ce règne il rentre jamais au pouvoir comme président du conseil ou ministre des affaires étrangères.

La cour le caresse, elle l'amuse et le retient par de secrètes promesses, qu'elle est bien décidée à ne tenir que quand elle ne pourra faire autrement; c'est qu'elle le craint; elle sait quelle puissance il acquerrait bientôt si, renonçant à de vains rêves de ministérialisme absolu et de conquêtes, il se plaçait jamais franchement et énergiquement à la tête d'un parti vraiment national, de la gauche régénérée, par exemple; tout est mis en usage pour l'empêcher de s'emparer de ce grand et glorieux rôle. Sans doute il est d'accord avec la cour pour paralyser la gauche, mais il est à son insu paralysé par la cour; il est le complice de la cour, mais il en est aussi la dupe.

L'héritier présomptif de M. Guizot, ce n'est ni M. Barrot, ni M. Thiers, ni M. Molé. Ainsi, toute la politique de la gauche depuis quatre ans aura eu pour résultat unique d'élever de nouveau au pouvoir l'homme d'État que toute sa politique, il y a cinq ans, consistait à en précipiter !!! Et cet homme d'État a-t-il changé? non sans doute; s'il avait encore un Ancône à rendre, il le rendrait.

On nous objectera que M. Guizot abaisse le pays,

mais c'est ce qu'on a dit de tous les ministres qui l'ont
précédé, et particulièrement de M. Molé. Le pays est
abaissé sous M. Guizot, peut-être ; mais nous nions qu'il
le fut moins sous M. Molé, sous M. Thiers, sous M. de
Broglie ; M. Guizot n'a fait que ce que tous eussent fait à
sa place. Du moment où les ministres ne sont plus que
les instruments d'un système unique et persévéram-
ment suivi, aux yeux des hommes à principes ils ne
sont ni meilleurs ni pires les uns que les autres, ils
ont précisément la même valeur : et renverser le ministère, n'est pas renverser le système, c'est déplacer
seulement l'instrument en exercice au profit des instruments en expectative. Depuis dix ans vous avez contribué
à renverser sept ou huit ministères ; quelle concession
pour vos principes avez-vous obtenue par tous ces ren-
versements ? qu'on nous l'indique : nous n'en demandons pas deux, nous n'en demandons qu'une ; nous
ne la demandons pas grande, si modique soit-elle nous
la compterons. Non, de tous les cabinets qui depuis dix
ans se sont succédés, il n'en est pas un seul qui, par sa
supériorité sur les autres ait, compensé les frais d'em-
ménagement et de déménagement que sa formation a
occasionnés ; et quant après avoir renversé huit ministères, vous en renverseriez encore huit autres, si la
royauté conservait toujours sur le parlement ses influences, votre situation et celle du pays ne serait nullement
changée ; vous n'auriez fait qu'un travail parfaitement
puéril, parfaitement oiseux, le travail d'hommes qui,

pour nous servir d'une comparaison vulgaire, voudraient remplir un tonneau sans fond. Pour l'opposition contre les personnes le changement de cabinet est le but; pour l'opposition contre les choses il n'est qu'un moyen, qui ne doit être employé qu'autant qu'il sert au but, le triomphe des principes.

Si ce n'est pas le ministère, c'est donc la royauté qu'il faut accuser? Pas davantage. Il est dans la nature que tout pouvoir humain tende irrésistiblement à sortir des limites dans lesquelles on l'a renfermé, et que, si ces limites cèdent, il en sorte. Si donc la royauté de juillet est sortie des limites dans lesquelles l'esprit de la révolution de 1830 voulait la retenir, ce n'est pas la royauté qu'il en faut accuser, mais les limites posées à son autorité, mais la constitution qui a posé ces limites. Les nations ne savent point par une sévère analyse remonter à la cause réelle de leurs maux, elles s'arrêtent à la cause apparente; ce sont les hommes qu'elles accusent, ce sont les institutions seules qu'elles devraient accuser. Toutes les attaques plus ou moins ouvertes contre la royauté ne nous paraissent que de vides déclamations. L'homme d'État éminent que la révolution de juillet a élevé sur le trône, fait ce que ceux même qui le condamnent feraient à sa place, il profite pour étendre son pouvoir de tous les moyens à sa portée, il joue en un mot son jeu de roi; et il le joue, il faut le dire, avec une habileté, une énergie, un esprit de suite incomparables. Comme il joue le sien, vous, membres de l'opposition, jouez le vôtre. On n'a pas bonne grâce à reprocher à son adversaire de gagner toujours, quand, en fait, on a plus beau jeu que lui.

Nous résumons ce point. Toute opposition qui porte contre le ministère ou la royauté, toute opposition qui ne porte pas contre les vices des institutions, porte à faux; et si le temps que vous avez perdu à renverser des cabinets, vous l'eussiez employé à bien formuler vos principes et à les prêcher, vos chefs seraient aujourd'hui et pour longtemps aux affaires, soutenus par une puissante et nationale majorité.

Il est un moyen assez sûr d'ailleurs pour apprécier la valeur d'une politique, c'est de l'apprécier par la popularité qu'elle excite; car, quoiqu'on en dise, les hommes ne sont point ingrats pour ceux qui les servent, et les partis recueillent presque toujours ce qu'ils méritent. Dans les premières années qui ont suivi 1830, on pouvait vous reprocher par fois un défaut de mesure, vous n'étiez pas toujours dans le vrai; mais au moins dans la défense des grands principes de la révolution vous étiez fermes, hardis, généreux, et si vous ne gagniez pas toujours la confiance, ni l'admiration, ni les sympathies ne vous manquaient. Mais depuis dix ans, depuis que vous vous êtes confondus et effacés dans le centre gauche, que vous vous êtes résignés à n'être que son appoint, depuis que votre politique exclusivement dirigée par lui s'est rapetissée, rétrécie, stérilisée, qu'obtenez-vous dans le pays? Une froide estime. Tout parti vraiment national, tout parti qui soutient habilement une bonne cause, et qui use en liberté de la parole et de la presse, doit voir sans cesse et rapidement augmenter le nombre de ses partisans. Eh bien! en 1831, vous vous le rappelez sans doute, il y a eu un jour où un seul bulletin a décidé en faveur de M. Perrier contre M. Lafitte, où vous avez eu la majorité moins un bulletin; aujourd'hui comptez-vous. Au lieu de cette activité, de cette ardeur que présentait autrefois votre armée, que présente-t-elle maintenant? Partout la langueur, partout le découragement après tant de défaites et de défaites sans gloire.

Si devant le pays comme devant le parlement vous n'éprouvez plus que des échecs, c'est que pour attaquer vous vous placez sur un mauvais terrain, et vous vous placez sur un mauvais terrain parce que M. Thiers, votre faux allié, vous empêche de vous placer sur un bon; si vous n'essuyez plus que des échecs, ce n'est point que l'amour de la liberté, le patriotisme, l'énergie, ces nobles qualités qui ont fait votre force, soient chez vous éteintes, c'est que M. Thiers, dont l'influence pèse si déplorablement sur votre parti, les enchaîne, les comprime, les paralyse.

Nous ne blâmons pas d'une manière absolue votre alliance avec M. Thiers, mais nous voudrions que dans cette alliance, au lieu de subordonner votre politique à la sienne, vous l'obligeassiez à subordonner la sienne à la vôtre. Vous êtes en position de le faire, profitez donc de votre position. Pour renverser le ministère, auquel il aspire à succéder, M. Thiers doit remplir deux conditions : la première, c'est de réunir contre M. Guizot toutes les voix de l'opposition et par conséquent les vôtres ; car si dans les questions ministérielles vous votiez pour le ministère ou que seulement vous vous abstinssiez de voter, il est clair que M. Thiers, dont l'armée se compose à peine de cinquante soldats, ne pourrait jamais détacher du parti conservateur assez de voix pour obtenir la majorité. La seconde condition, la première une fois remplie, c'est de détacher des rangs adverses une vingtaine de suffrages. Ainsi voilà un point bien démontré, M. Thiers ne peut arriver aux affaires qu'avec votre concours ; mais, notez-le bien, dès qu'il y serait arrivé, il pourrait se passer de vos suffrages, ceux de cette phalange, qui est à tous les ministères et qui semble faire partie du mobilier ministériel, lui en tiendraient lieu. Vous êtes donc une échelle dont il a besoin pour monter et qu'une fois monté il est libre de rejeter. Et ceux d'entre vous qui n'ont pas oublié la discussion de la loi de régence, savent avec quel sans façon dédaigneux il rejette les instruments dont il ne croit plus avoir à se servir. Puisque M. Thiers ne peut se passer de votre concours, vous êtes en position de fixer les conditions auxquelles vous le lui accorderez. En le lui accordant sans condition vous faites beaucoup pour lui, mais il ne fait rien pour vous ; vous êtes ses alliés mais il n'est pas le vôtre, vous êtes ses dupes. « Ou vous arriverez au pouvoir, devez vous dire à M. Thiers, avec nous et nos principes ou nous vous empêcherons d'y arriver. » Deux routes peuvent seules le conduire au ministère : la route de l'intrigue et celle des principes ; fermez lui la première, il faudra bien que tôt ou tard après quelque temps de bouderie et d'hésitation il prenne la seconde.

Le pays ne vous a pas nommés pour renverser des ministères et pour accélérer le mouvement rotatoire qui porte tour à tour au pouvoir MM. Guizot, Thiers et Molé, mais pour défendre ses intérêts ; or, si en ne renversant pas le ministère vous pouvez à la politique contre les personnes, qui lui est funeste, substituer la politique contre les choses qui lui serait si utile, votre devoir est de ne pas renverser le ministère ; le renversement du ministère ne serait pas seulement alors un non sens comme nous le disions tout-à-l'heure, mais un contresens.

On prétend que la gauche ne doit pas se séparer du centre gauche, parce qu'elle ne pourrait former un cabinet. La gauche ne pourrait former un cabinet comparable à ceux que depuis la chute du 11 octobre nous avons vus apparaître ! Et pourquoi non ? D'ailleurs, pour que la gauche ait à en former un, il faut qu'elle réunisse la majorité, que par conséquent elle se grossisse soit d'anciens adversaires soit d'hommes nouveaux. Or, parmi ces recrues on a tout lieu de supposer que des talents supérieurs ne manqueront pas.

M. Barrot, dit-on, n'est pas administrateur. Si on attaquait le chef de la gauche comme homme d'État ou comme orateur, nous serions tout prêts à le justifier. Où trouver, dirions-nous, plus d'élévation dans l'esprit et le caractère? Jamais parlement a-t-il retenti d'une parole plus grave, plus ferme, plus puissante, plus digne de servir d'organe à la raison et à la justice, et soutenue par une action oratoire plus majestueuse? Qui aurait plus de droits au siége des L'Hôpital et des d'Aguesseau? Dans la dernière session, pour ne pas remonter plus haut, n'a-t-il pas montré qu'il possédait l'esprit des détails comme l'esprit des hautes théories? Est-il une question dans laquelle il ne soit intervenu, qu'il n'ait éclairée et agrandie ?

Quant aux connaissances administratives de M. Barrot, nous ignorons si elles sont bien profondes; mais celles de ses rivaux d'influence et de gloire, MM. Thiers et Guizot, le sont-elles davantage? nous n'en croyons rien. Un ministre doit être homme d'État d'abord, administrateur ensuite. Depuis 1830 nous avons compté au pouvoir plusieurs hommes d'État, mais pas un administrateur. Quand on voit sous des ministres sortis tout à coup, ceux-ci des chaires de la Sorbonne, ceux-là des bancs du barreau, les uns du bureau d'un journal, les autres d'un bureau de commerce, l'administration continuer de marcher avec régularité, on peut conclure qu'elle marche sans les ministres, qu'elle marche toute seule. Pour être administrateur à la façon de MM. Thiers, Guizot, Cousin, Villemain, Barthe, Mérilhou, Montalivet, etc., il ne serait pas nécessaire de savoir lire, il suffirait de savoir signer. Sans doute un Sully, un Colbert trouveraient comme administrateurs de grandes choses à faire; mais les Sully et les Colbert du jour ne faisant absolument rien, il est toujours facile de faire autant que les Sully et les Colbert du jour. Et d'ailleurs pour réformer, si les lumières manquent à un ministre, ne peut-il pas y suppléer par les lumières qu'il trouve autour de lui? Pour réformer la bonne volonté peut suffire. Et puis admettons que leurs excellences eussent besoin d'administrer, et qu'elles sussent le faire, la vie de représentation à laquelle elles sont appelées, la préparation de leurs discours, et surtout la pratique qu'elles font si en grand de la corruption gouvernementale, leur en laisseraient-elles le temps?

Si M. Thiers représente à la gauche le poids des affaires comme si lourd, c'est qu'il a grand intérêt à lui faire croire qu'elle ne pourrait occuper le ministère sans lui; c'est une tactique habile pour la retenir sous sa dépendance. La gauche n'a pas besoin qu'on la soutienne par des lisières, elle peut marcher seule; on lui désirerait seulement plus de confiance en elle-même et de hardiesse.

Nous avons eu souvent à citer le nom de M. Thiers dans cette première lettre, et pas toujours avec éloge. Ce n'est pas qu'aucun sentiment d'inimitié privée contre cet homme d'État nous anime. Nous ne sommes pas de ceux qui hantent les salons des ministres au pouvoir ou des ministres en expectative, sollicitant des places et des cordons, et qui se vengent des refus qu'ils essuient par des pamphlets. Nous ne voulons faire de la politique personnelle ni pour ni contre M. Thiers, ni pour ni contre personne. Nous serons toujours prêt à louer dans M. Thiers les talents éminents de l'homme public et toutes les qualités de l'homme privé, ces qualités généreuses et brillantes, qui exercent sur tout ce qui l'approche une irrésistible séduction. Nous aimons M. Thiers; mais il y a quelque chose encore que nous lui préférons, c'est la vérité, la liberté et notre pays. Nous ne voudrions point qu'il ne rentrât pas au ministère; nous voudrions qu'il n'y rentrât que par le grand chemin, avec le secours d'une forte et nationale majorité, et qu'il s'y maintînt assez de temps pour y laisser de son passage de longues et belles traces. A côté de la petite ambition des honneurs et du pouvoir qui le possède, et que d'ailleurs nous excusons, nous voudrions lui en inspirer une autre, celle d'une gloire solide. Assez d'autres s'étudient à entretenir les hommes puissants dans leurs faiblesses; nous nous étudions, nous, à les y arracher : aux autres le langage de la flatterie, à nous celui de la vérité. Nous aimons M. Thiers autrement que ne le font ses courtisans, et nous croyons l'aimer mieux.

Nous résumons cette première lettre. Fonder par de larges réformes un gouvernement solidement national, voilà le but vers lequel vous devez marcher. La route dans laquelle vous vous êtes engagés snr les pas de M. Thiers ne saurait vous y conduire; vous devez en sortir et au plus tôt. Dans quelle route devez-vous entrer? C'est ce qui fera le sujet de la lettre suivante.

DEUXIÈME LETTRE.

Que vous faut-il pour appliquer d'une manière sûre
et complète vos principes? le pouvoir. Qui le donne? le
pays. A quelle condition? qu'on le servira. Ce qui carac-
térise le gouvernement représentatif, c'est le grand fait
suivant : A un certain jour le corps électoral, qui dis-
pose du pouvoir, le met publiquement à l'enchère devant les partis assemblés, et l'adjuge à celui de tous dont
le programme lui offre le plus d'avantages. Plus donc
votre programme sera riche d'avantages pour le pays,
plus vous aurez de chances de conquérir ses suffrages et,
par conséquent le ministère.

Mais proposer des améliorations c'est seulement, dit-
on, la mission du gouvernement. Erreur; c'est aussi la
vôtre. Vous pouvez la remplir, car l'initiative dont vous

êtes investis vous en donne le pouvoir ; vous le devez, car c'est uniquement pour indiquer ce qui vous paraîtrait utile au pays que vous avez été envoyés à la chambre. Si vous n'avez rien à proposer, vous êtes stériles ; si ayant à proposer vous ne proposez pas, vous manquez à votre mandat.

Prendre l'initiative de grandes réformes doit toujours vous profiter. Sont-elles adoptées? vos concitoyens savent qu'ils vous les doivent, et vous en conservent de la reconnaissance. Sont-elles rejetées? vous avez l'honneur de les avoir réclamées, et vos adversaires ont le déshonneur de les avoir repoussées ; vous vous élevez et eux s'abaissent dans l'estime publique ; votre popularité augmente, la leur diminue ; dès lors pour vous double profit. Il y aurait même ainsi habileté de votre part à chercher, pour les proposer, précisément les améliorarations que, par position, vos adversaires devraient refuser. Ainsi, une politique affirmative a seule des chances de succès ; une politique négative n'en saurait avoir. Ce n'est point en vous faisant petits, c'est en vous faisant grands que vous réveillerez et conquerrez l'opinion ; tout ce qui tendra à élargir, élever, ennoblir votre cause, tendra par cela même à en accélérer le triomphe. Gagner les suffrages du corps électoral, voilà donc le but ; défendre tous ses intérêts le moyen.

Maintenant, quels sont les intérêts qui touchent le plus les électeurs? parmi les électeurs les uns sont touchés surtout des intérêts politiques, les autres des intérêts matériels. On déclame beaucoup de nos jours contre le culte des intérêts matériels; ces déclamations sont plus que déraisonnables, elles sont niaises. Est-ce que de tout temps les intérêts matériels n'ont pas vivement et à juste titre préoccupé l'immense majorité des hommes? Est-ce que les droits politiques nous vétissent, nous logent, nous nourrissent? Puisque la nature a voulu que les besoins matériels fussent les plus pressants, la découverte des meilleurs moyens pour y satisfaire constituera toujours pour les nations, comme pour les individus, l'intérêt le plus important. Quoi! les libertés politiques seraient si précieuses, et la liberté de vendre de la manière la plus avantageuse le produit de son travail et d'acheter au meilleur marché, soit la matière première de ce travail, soit les objets les plus nécessaires à l'existence, n'aurait pas de prix! Ceux qui déclament contre le culte des intérêts matériels, ceux auxquels l'agriculture, l'industrie, le commerce paraissent mériter si peu d'attention, ne prouvent qu'une chose, c'est qu'ils ne sont ni agriculteurs, ni industriels, ni commerçants.

D'ailleurs, la question pour vous n'est pas seulement de savoir si ces intérêts ont en effet beaucoup d'importance, mais si le corps électoral, qu'il s'agit de gagner, y en attache beaucoup. Il n'est pas donné à un parti de refondre la nature humaine, sa mission est de l'accepter telle qu'elle est et de la faire servir à ses desseins; et ceux qui ne voudraient pas prendre la peine

de conduire les hommes comme ils peuvent être con-
duits, devraient renoncer à la grande ambition de les
gouverner.

En dépit de toutes les déclamations, un des plus puissants intérêts pour l'agriculteur sera toujours l'intérêt
de l'agriculture, pour l'industriel celui de l'industrie,
pour le commerçant celui du commerce. Comme preuve
de l'importance attachée par les hommes à ces intérêts,
citerons-nous tous les grands ports français, Bordeaux,
Marseille, adversaires énergiques de Napoléon qui les
ruinait, et saluant avec enthousiasme dans l'avénement
des Bourbons la chûte du système continental? Citerons-
nous en France comme en Amérique les provinces du
midi menaçant de se séparer de celles du nord? Comment
l'aristocratie anglaise fait-elle supporter aux classes
moyennes sa domination? Par son infatigable sollicitude
pour le développement de leur richesse; et de nos jours,
ses hommes d'État les plus éminents n'ont-ils pas été ou
ne sont-ils pas des hommes d'affaires, Pitt, Canning,
Huskisson, Robert Peel? Nous nous résumons : le corps
électoral étant composé en grande majorité d'agriculteurs, d'industriels et de commerçants, il s'en suit que
la défense éclairée, active, persévérante de leurs intérêts
spéciaux, serait entre les mains de l'opposition, pour
soulever le pays en sa faveur, un levier d'une puissance
immense ; qu'elle s'en saisisse donc.

La question de savoir si c'est sur les intérêts matériels ou sur les intérets politiques que l'opposition doit

s'appuyer, nous a toujours paru étroite et vaine. Suivant nous, elle doit s'appuyer et sur les intérêts politiques et sur les intérêts matériels, et sur les autres encore, en un mot sur tous. La tâche d'un gouvernement quelle est-elle ? de satisfaire tous les intérêts légitimes du pays, de quelque nature qu'ils soient. Eh bien ! une opposition, qui aspire à devenir gouvernement, doit avoir des idées arrêtées sur la manière dont elle satisferait tous ces intérêts; et si elle n'a pas sur tous ces points des idées arrêtées, elle n'est pas un parti dans la grande acception de ce mot, elle n'est qu'une coterie de renverseurs de ministères. Se mettre à la tête de toutes les hautes questions est donc son devoir, et c'est aussi son avantage ; car nous l'avons dit, et nous le répétons avec insistance, plus elle défendra avec énergie d'intérêts divers, plus elle augmentera le nombre de ses partisans et par conséquent ses chances d'arriver au pouvoir. Son programme général devra donc se composer d'autant de programmes partiels qu'il y a de classes d'intérêts à satisfaire.

Il faut avant tout à une nation un gouvernement qui soit national, non point passagèrement et accidentellement par les vertus d'un prince, mais d'une manière permanente et certaine par la force des institutions, un gouvernement qui ne puisse pas ne pas être national et qui ne puisse pas cesser de l'être. Donc, programme pour les améliorations politiques propres à le fonder.

Une nation doit avoir un système de politique étrangère fixe, tiré de sa position particulière et de la position des nations au milieu desquelles elle vit. Donc, programme pour la politique étrangère.

Qu'est-ce que la liberté sans les mœurs ? Un arbre sans racines, un édifice sans base. Le développement intellectuel et moral n'est-il pas d'ailleurs pour les peuples, comme pour les individus , un grand élément de bonheur et de puissance ? Donc programme pour les améliorations intellectuelles et morales.

Mais un peuple ne vit pas de droits politiques. Les producteurs, cette classe immense, quel but poursuivent-ils par leur travail? leur richesse privée. Quelle est aussi une des principales conditions de la prépondérance des peuples, des peuples modernes surtout? la richesse publique. Favoriser par tous les moyens possibles les progrès de la richesse privée et de la richesse publique est pour tout gouvernement un grand devoir. Donc, programme pour les améliorations matérielles, c'est-à-dire agricoles, industrielles, commerciales.

Ce n'est pas tout encore. Voyez ces classes populaires, si nombreuses qu'elles forment pour ainsi dire le pays tout entier, dont la position a hélas ! si peu changé au milieu de tous les heureux changements que la civilisation a amenés autour d'elles ; voyez surtout les prolétaires , ces serfs tristement attachés à la glèbe du capital, dont le lot semble n'être aujourd'hui qu'un travail au dessus des forces humaines et une satisfaction si incomplète des premiers besoins humains, n'est-il pas temps enfin de travailler à les relever, autant que cela est possible, de leur long et misérable abaissement? la charité, la justice le commandent; l'intérêt de l'ordre, que de légitimes soulèvements pourraient compromettre, ne le commande pas moins. Donc, programme pour l'amélioration du sort des classes populaires.

Voilà le vaste cadre qu'il s'agit de remplir. Et combien de grandes questions viendraient s'y placer ! Dans nos sociétés modernes, quelle doit être la loi électorale, cette base du gouvernement représentatif? Tout en respectant le principe salutaire des capacités, comment constituer un corps électoral qui, quoique peu nombreux, soit hors des atteintes corruptrices du pouvoir, soit indépendant, sagement mais fermement progressif? —Sans doute l'administration, créée par le génie de Napoléon, offre dans sa centralisation une unité et un ordre admirables. Mais de quelles immenses influences n'arme-t-elle pas le pouvoir? Influences incompatibles avec la vérité du gouvernement constitutionnel. Comment restreindre ces influences sans porter atteinte à l'unité et à l'ordre administratif? — Les attributions des Conseils de département, d'arrondissement et de commune ne devraient-elles pas être étendues? N'y aurait-il pas dans cette extension avantage pour le gouvernement central débarrassé ainsi d'une foule de petits détails, pour les Députés qui cesseraient d'être les hommes d'affaires de leurs électeurs, pour les localités dont les intérêts seraient mieux et plus promptement satis-

faits, pour le développement de l'esprit public ? — Qu'est-
ce que notre pairie ? Un conseil aulique, le sénat de Napoléon. Comment organiser une pairie à la fois con-
servatrice et nationale? — Quel serait le système d'instruction secondaire le mieux en harmonie avec les besoins
de notre temps? — Nos assemblées représentatives sont
remplies d'hommes éminents par le caractère et l'intelligence, mais trop peu préparés, pour la plupart, aux
fonctions qu'ils ont à remplir. Quelle est d'ailleurs et
contre le despotisme et aussi contre l'anarchie la plus solide garantie? C'est une connaissance suffisante et géné-
ralement répandue des conditions qui font un bon gouvernement? Il est donc urgent de créer un enseignement
politique? — Le réglement de la Chambre, dans le but d'accélérer la marche des discussions, ne devrait-il pas être
profondément modifié ? — Par combien de petites et tra-
cassières mesures n'a-t-on pas cherché à se défendre
contre l'esprit anti-social, anti-progressif de notre cler-
gé? Ne vaudrait-il pas mieux par quelques larges et
profondes mesures réformer complètement cet esprit?
Faire de trente mille prêtres, ennemis aujourd'hui de
la civilisation, trente mille instruments de civilisation,
serait-ce là un médiocre résultat?

Mais où ne nous entraînerait pas la simple énuméra-
tion des réformes qui devraient remplir notre cadre ?
Nous avons indiqué seulement celles qui se sont pré-
sentées tout d'abord à notre esprit, quelques-unes
entre cent. Oui, les abus les plus criants des sociétés

sont aujourd'hui chez nous corrigés ; nous n'avons plus, comme en 89, à renverser un ancien régime, ou, comme sous la Restauration, à en prévenir le retour. Mais combien ne reste-t-il pas encore à faire pour assurer au régime nouveau tout son développement et ses bienfaits? Combien d'importantes améliorations sont encore à conquérir? Quelle gloire pour le parti qui saurait les prêcher et les obtenir ! Quelle puissance pour la nation chez laquelle on les réaliserait! Ah ! que ceux qui ne voient point aujourd'hui de progrès à accomplir, font preuve, suivant nous, d'ignorance et d'étroitesse d'esprit ! Jamais peut-être en aucun temps de grands et patriotes ministres ne trouveraient un plus vaste champ pour leur amour du bien, leur activité et leurs talents. Hâtez-vous de sortir de l'étroite et obscure impasse dans laquelle de misérables intérêts de coterie vous retiennent emprisonnés, et vous verrez quel vaste et lumineux horizon sera déployé devant vous.

Indiquer de fécondes améliorations, serait-ce une tâche difficile? Toutes les vérités sont dans le monde, a dit Pascal, il ne reste plus qu'à les appliquer. Toutes les vérités ne sont pas dans le monde, sans doute : mais que de vérités sont dans le monde qui n'ont pas encore été appliquées! Que de vérités appliquées ailleurs ne l'ont pas été encore dans notre pays ! Enrichie seulement de toutes les améliorations, dont l'histoire ou l'état présent de l'univers nous montre la réalisation, la France deviendrait bientôt une terre de merveilles. Pour faire de grandes choses aujourd'hui, il n'est pas besoin de créer, il suffit de copier ; le génie n'est pas nécessaire, il ne faut que de la volonté. Pensez-vous que tous ces législateurs de notre première révolution qui, au milieu de la guerre du dedans et du dehors, ont créé de si admirables institutions, pensez-vous que ces hommes, enlevés tout à coup aux positions les plus modestes, eurent plus de lumières que nous n'en avons? Non sans doute; mais ils avaient ce qui nous manque dans ce misérable siècle du vaudeville et du roman feuilleton, la passion de tout ce qui est vrai, de tout ce qui est utile, de tout ce qui est beau.

Pour élaborer un large programme, satisfaisant complètement tous les intérêts légitimes du pays, à une douzaine d'hommes instruits, laborieux, ardents il ne faudrait pas deux mois, et de pareils hommes ne sont pas rares chez nous; faites leur un appel, et en foule ils accourront, nous vous en donnons l'assurance.

Mais il ne faut pas l'oublier, si un parti doit s'appuyer sur le plus grand nombre possible d'améliorations, il ne doit pas se laisser entraîner aux fausses améliorations, aux utopies. Ne rien donner aux inapplicables théories, quelque brillantes et généreuses qu'elles soient d'ailleurs, mériter la réputation d'esprits sages et circonspects, telle doit être la première étude d'hommes qui aspirent à gouverner. En sortant des bornes tracées par la sagesse pratique, ils pourraient exciter l'admiration;

ils n'obtiendraient pas ce qu'ils doivent se proposer surtout d'obtenir, la confiance.

Mais ce qui doit surtout caractériser un grand parti politique, ce sont ses principes politiques. Comment doivent être formulés les principes politiques de la gauche émancipée et régénérée ? Dire que le roi gouverne, que le gouvernement de juillet a oublié son origine , que toutes les promesses de juillet sont foulées aux pieds, ce ne sont là que de vagues déclamations. En quoi nos institutions pêchent-elles ? Comment pourraient-elles être corrigées? voilà ce qu'il faudrait expliquer d'une manière nette, explicite, précise.

Le gouvernement constitutionnel est, dans la situation où se trouve aujourd'hui la France, le meilleur des gouvernements ; c'est là pour nous la plus incontestable des vérités, et tout parti qui la méconnaîtrait, non seulement se mettrait en opposition avec la raison, mais se rendrait encore impossible devant le pays comme devant l'Europe. Les radicaux ont dit des constitutionnels ce que les montagnards disaient des girondins. « Ils manquent de logique, parce qu'ils manquent d'énergie. » Les constitutionnels repoussent, et de la manière la plus absolue , ce double reproche. Ils ont la prétention de n'être point inférieurs en énergie à leurs contradicteurs; quant à la logique, s'ils sont constitutionnels, ce n'est point parce qu'ils en manquent, c'est parce qu'ils en ont. Les constitutionnels sont une école; ils ont un système, et un système basé sur la connaissance exacte

de la nature humaine et des conditions des sociétés,
basé sur l'histoire, appuyé du témoignage des philo-
sophes de tous les pays et de tous les temps. Bien formuler ce système, bien indiquer les caractères qui le
différencient du système radical d'une part et du système
ultra-conservateur de l'autre, ne sera pas un hors d'œu-
vre, c'est le fond même de notre thèse. Nous serons
court; puissions-nous, dans un sujet si confusément
traité jusqu'ici, être net !

Quel est le but de toute société? Le triomphe de l'intérêt général. Le triomphe de l'intérêt général, c'est la
liberté. L'intérêt général peut être opprimé par les intérêts particuliers, toujours si nombreux et si puissants,
en un mot par les factions. Il peut être opprimé aussi
par le pouvoir même, qui a été établi pour le protéger
contre les factions. L'oppression de l'intérêt général
par les factions, c'est l'anarchie; l'oppression de l'intérêt
général par le pouvoir, c'est le despotisme. Anarchie,
despotisme, voilà les deux immenses dangers qui toujours menacent les sociétés, et que le législateur doit
s'étudier à prévenir. Contre chacun de ces dangers, l'é-
cole constitutionnelle a dû chercher et a trouvé, il nous
le semble, de solides garanties.

Contre l'anarchie et pour empêcher l'action des hommes ambitieux et habiles sur les masses pauvres et igno-
rantes, faibles jouets de la tromperie et de l'erreur, e
par là instruments misérables de troubles et de boule-
versements, d'abord l'exclusion complète, absolue, de ces

masses de toute part aux affaires publiques; ensuite l'organisation d'un pouvoir exécutif fort, un pour qu'aucune division ne puisse l'affaiblir, héréditaire pour
fermer la lice aux disputes sanglantes dont sa posses-
sion deviendrait l'objet, environné de majesté et d'éclat
pour qu'il exerce ainsi sur les esprits plus d'empire et
rende l'obéissance plus facile et plus douce, en un mot
la royauté.

Ces deux garanties contre l'anarchie, l'exclusion politique des masses et la royauté, une fois prises, (et elles ne
nous paraissent pas moins suffisantes que nécessaires)
toutes les garanties vraiment utiles contre le despotisme,
l'école constitutionnelle les accepte : d'abord, et avant
tout, condition fondamentale et indispensable, un
parlement indépendant, représentant éclairé et ferme
de la volonté du pays. Il sera composé de deux chambres pour garantir l'élaboration si importante de la loi
contre l'enthousiasme, la précipitation, l'ambition d'une
seule assemblée, pour que la loi sorte plus pure de deux
épreuves successives. De ces deux chambres, toutes
deux choisies par la nation, l'une sera nommée pour un
temps limité et destinée à exprimer toutes les variations
de la volonté nationale, l'autre sera nommée à vie et indépendante ainsi des caprices populaires; l'une principe de stabilité, l'autre principe de mobilité.—Si la nation laisse au pouvoir le choix des juges qui doivent pro-
noncer sur toutes les causes non politiques, elle se réserve
le droit de juger toutes les causes politiques, les attaques

des citoyens contre le gouvernement , ou celles des agents du gouvernement contre les citoyens. — Enfin une presse parfaitement indépendante, ne relevant que du jury, par laquelle puisse se former et se manifester librement l'opinion publique.

L'école constitutionnelle veut contre l'anarchie de fortes garanties, voilà ce qui la distingue de l'école radicale; et de fortes garanties contre le despotisme, voilà ce qui la distingue de l'école ultra-conservatrice. Nos garanties anti-anarchiques, dit-elle aux premiers, sont nécessaires ; les garanties anti-despotiques que nous avons maintenant, dit-elle aux seconds, sont complétement inefficaces, vaines, illusoires.

Conserver soigneusement et dans toute leur intégrité les garanties contre l'anarchie , aux garanties illusoires que nous avons aujourd'hui contre le despotisme substituer des garanties réelles, efficaces, c'est-à-dire assurer d'une manière solide l'indépendance du parlement. du jury et de la presse, voilà quel doit être votre programme politique. Ce que vous devez réclamer et seulement réclamer, c'est le gouvernement constitutionnel dans toute sa pureté et sa force, rien de plus, mais rien de moins; et vous devez vous montrer énergiques contre ceux qui vondraient vous empêcher d'arriver à ce but, énergiques contre ceux qui vondraient vous le faire dépasser.

Mais des trois grandes garanties, que nous avons formulées, l'indépendance du parlement est de beaucoup la plus importante, d'abord parce que, quand on a celle-là, on a bientôt les autres, parce qu'ensuite c'est elle qui fixe le principe même de la constitution, qui est pour ainsi dire la constitution toute entière. Qu'est-ce, en effet que le gouvernement représentatif? C'est celui où la volonté nationale, fidèlement exprimée par un parlement indépendant, prédomine, décide en dernier ressort toutes les questions politiques , en un mot gouverne. Du moment où quelque faction, maîtresse du parlement par la violence ou l'astuce, substitue à la volonté nationale qu'il devrait exprimer sa volonté propre, le gouvernement représentatif peut bien exister encore en apparence, il n'existe plus en réalité. La faction qui s'est substituée au véritable souverain, la nation, est-elle une aristocratie? vous avez un gouvernement aristocratique : Est-elle une cour? vous avez un gouvernement autocratique. L'indépendance du parlement, c'est, nous le répétons, le gouvernement représentatif tout entier.

Pourquoi notre politique intérieure et extérieure est-elle si peu nationale? Parce que le ministère n'est pas national. Pourquoi le ministère ne l'est-il pas? Parce que la Chambre ne l'est pas elle-même, parce qu'elle représente moins le pays qu'elle ne représente la cour et les coteries anti-nationales ses alliées. La question de l'indépendance du parlement est donc, et continuera d'être, jusqu'à ce qu'une solution complète, définitive lui ait été donnée, la question capitale; toutes les autres ne sont que secondaires.

Entre les ultra-conservateurs et nous existe cette différence nette et profonde : suivant eux, la volonté nationale doit être modifiée, disons mieux, dénaturée par les influences du pouvoir ; suivant nous, elle doit se manifester et prédominer dans toute sa pureté. Ils veulent, selon la formule Molé, le gouvernement constitutionnel tempéré par la corruption ; nous, nous voulons le gouvernement constitutionnel dans toute sa sincérité et sa force. Ces deux grands partis seraient peut-être assez bien caractérisés par ces deux noms : *corruptioniste, anti-corruptioniste.*

Tout parti doit avoir une idée-mère. La destruction de la corruption gouvernementale et par conséquent la conquête de l'indépendance du parlement, voilà la vôtre. Vous devez sans cesse prêcher cette réforme capitale, montrer tous les biens qu'elle réaliserait, tous les maux qu'elle arrêterait ; vous devez bien prouver surtout que par elle seule peut cesser enfin cette immobilité à laquelle nous sommes condamnés, cette déplorable et honteuse stagnation de tous nos grands intérêts. Et quoi de plus facile ? Qu'est-ce en effet que la majorité de la Chambre ? Une réunion de coteries anti-nationales, coalisées pour s'assurer mutuellement le maintien de tous les priviléges qu'elles exploitent. N'est-il pas évident que toute proposition d'utilité publique, blessant presque nécessairement les intérêts d'une de ces coteries, provoquera sa résistance, et par conséquent celle de toutes les autres. Propose-t-on la suppression de quelques

priviléges de la cour? résistance des députés courtisans:
la suppression de quelques abus administratifs? résistance des députés administrateurs : la conversion des
rentes? résistance des grands capitalistes: une plus libre
introduction des combustibles et des fers étrangers? résistance des propriétaires de bois et d'usines : un traité
de commerce avec la Belgique? résistance de quelques
grands industriels : veut-on, par de larges réformes,
mettre l'instruction secondaire en harmonie avec les
besoins nouveaux de notre temps? résistance de la coterie universitaire, etc., etc. Aucun grand progrès, en
un mot, n'est possible. tant que cette coalition d'hommes, les uns placés sous la dépendance de la cour, les
autres en alliance secrète avec elle, ne sera pas détruite,
et elle ne le sera que par les réformes, propres à assurer l'indépendance du parlement.

Mais ce n'est pas tout. Cette majorité est non seulement anti-nationale, mais encore elle est faible, et de
cette faiblesse naissent de nouveaux obstacles à toute no-
table amélioration. Avec une majorité faible, le ministère sera bien plus dépendant, plus esclave, moins en
position de se permettre aucun acte décisif. Avec une
majorité faible, il sera toujours chancelant, par cela
même plus attaquable et plus attaqué; et tout le temps,
qui devrait être employé en utiles discussions, sera
malheureusement dissipé en vaines disputes de porte-
feuilles. Le ministère se voyant toujours menacé, ne
s'occupera plus que d'un intérêt, celui de sa conversa-

tion. Et puis, pourquoi, prendrait-il la peine de préparer des projets que sa chute prochaine l'empêcherait de réaliser?

Ponr faire le bien il faut deux choses : la volonté et le ponvoir, et par le vice même des institutions, le ministère ne saurait avoir aujourd'hui ni l'une ni l'autre.

La corruption maintenue, les ultra-conservateurs obtiennent et continueront d'obtenir une majorité anti-nationale et faible, qui leur permet de garder le pouvoir, non de gouverner. La corruption détruite, les constitutionnels obtiendraient une majorité nationale et forte, qui leur permettrait de marcher dans la carrière du progrès avec liberté, assurance, rapidité. Voilà le fond de la situation.

La lutte des anti-corruptionistes contre les corruptionistes, c'est la lutte de la loyauté politique contre l'astucc; dc la moralité contre un indigne trafic de consciences et de votes; dc l'économie des deniers publics contre leur dissipation; d'une liberté réelle contre une liberté illusoire; du progrès contre l'immobilité.

Un parti pourrait-il se placer sur un terrain plus nettement circonscrit et plus solide? pourrait-il avoir une position meilleure pour l'attaque comme pour la défense ?

Quant au système de politique étrangère à suivre, quoique notre opinion doive rencontrer sans doute peu de faveur parmi nos amis politiques, nous la dirons franchement et toute entière. Quels vastes et importants intérêts la politique extérieure n'embrasse-t-elle pas? Il ne s'agit plus seulement de la prospérité d'un état, mais de sa conservation; du sort d'un ou deux états, mais souvent du sort du monde. C'est ici que l'on doit se garder soigneusement de toute opposition irréfléchie et passionnée, faite au jour le jour et au hasard; c'est ici que tout doit être examiné et pesé avec lenteur et sévérité; que l'esprit de parti doit se taire; que toutes les rivalités et les inimitiés personnelles doivent être foulées aux pieds. Nous voulons bien qu'on soit ennemi du ministère, mais nous voulons qu'on soit moins ennemi du ministère qu'ami de son pays; et des hommes, qui se réjouiraient des fautes faites par les ministres pour avoir à s'en servir contre eux, ne seraient à nos yeux que de mauvais citoyens, complètement indignes de prendre au gouvernement de leur patrie la moindre part. Il conviendrait que toutes les grandes questions de politique étrangère fussent, comme en Angleterre, discutées et résolues de concert par les chefs du cabinet et les chefs de l'opposition réunis. Ainsi le cabinet aurait bien plus de chances de ne pas commettre de fautes, et comme, s'il en avait commis, il aurait eu pour approbateurs ses adversaires, la crainte de se donner devant eux un démenti en les réparant, ne l'empêcherait pas de les réparer.

De 1789 à 1814 se sont produites en France deux po-

litiques, nous ne dirons pas différentes, mais opposées;
la première sous la Constituante, la Législative, la Convention et en partie aussi le Directoire; la seconde, sous
le consulat et l'empire; la première se vengeait des
peuples qui l'attaquaient en les délivrant, la seconde,
souvent agressive, s'agrandissait de leur territoire, s'enrichissait de leurs trésors, se parait des objets d'art
qu'elle leur enlevait; celle-là désintéressée et généreuse,
celle-ci, ambitieuse, conquérante et pillarde ; l'une suivait les nobles et sages leçons de la philosophie, l'autre
les errements des vieilles aristocraties et des vieilles
cours; l'une s'assurait la reconnaissance et l'admiration dans le présent et dans l'avenir, l'autre a eu la fin
déplorable qu'elle ne pouvait pas ne pas avoir et que
d'ailleurs elle méritait. Un plaidoyer en faveur du consulat et de l'empire se prépare; il sera souple, habile,
éloquent; mais devant tout ami sévère de la vérité et de
la liberté il ne les justifiera pas. Et en cela, nous pensons comme les Destutt-Tracy, les Chenier, les Cabanis,
les Daunou, etc., débris illustres de la grande école du
dix-huitième siècle. Avec la gloire immense qu'il nous a
laissée, l'empire nous a laissé aussi, il faut le reconnaître, un sentiment d'honneur exagéré, je ne sais quelle
susceptibilité de duelliste, un vague besoin de remuer
le monde et de le dominer, ce qu'on pourrait appeler
l'*esprit impérialiste*, esprit peu propre à nous concilier
et les rois et les peuples. Le devoir d'une grande opposition est non pas de flatter et d'entretenir ces défauts

du caractère national, mais de les combattre et de les corriger.

Les extensions territoriales, que rêvent certains de nos hommes d'état, sont-elles nécessaires à notre liberté et à notre bonheur? nullement. Le sont-elles à notre puissance? pas davantage. Avant de songer à étendre notre territoire, ne serait-il pas plus sage de donner à celui que nous possédons toute la valeur qu'il est susceptible d'acquérir? Que de canaux et de routes à tracer! combien de montagnes à reboiser! combien de rivières à canaliser et à endiguer! que de terrains, ceux-ci à irriguer, ceux-là à dessécher! combien d'autres à défricher ou à cultiver avec plus de soin ou de lumières! et l'Algérie, quel vaste champ ouvert à notre activité! sans parler de tout l'accroissement de puissance que nous trouverions dans le développement de tous les autres intérêts, industriels, commerciaux, intellectuels, moraux. Les conquêtes d'une nation sur son propre sol sont de beaucoup les plus précieuses, elles sont faciles à faire, faciles à conserver, elles ne coûtent ni sang ni larmes, et ne provoquent ni des Blenheim ni des Waterloo!

M. Thiers paraît penser qu'il y a pour la France peu à faire au dedans, beaucoup au dehors; nous pensons, nous, qu'il y a très peu à faire au dehors, et au dedans immensément; c'est l'immobilité du ministère à l'extérieur qu'il attaque; nous, c'est surtout sa déplorable immobilité à l'intérieur. En posant le débat sur le terrain de la politique étrangère, M. Thiers le place, selon

nous, sur un mauvais terrain, et sur ce mauvais terrain le dirige mal. Il a imprimé à la politique extérieure de la gauche, je ne sais quel caractère susceptible, tracassier, guerroyant, qui nous paraît funeste à la
France, compromise ainsi devant l'Europe, et à la gauche
compromise ainsi devant la France. Plusieurs conservateurs, nous en sommes certains, tout en approu-
vant les réformes demandées par l'opposition, ne les vo-
tent point, parce qu'ils craindraient en les votant de
donner la majorité à nn parti, dont les dispositions belliqueuses les effrayent. M. Thiers est guerroyant d'a-
bord par inclination et par système, il l'est nécessairement aussi par position. Ne voulant pas en
effet attaquer M. Guizot sur la politique intérieure, il
faut qu'il l'attaque sur la politique extérieure, et M. Guizot voulant la paix, il faut bien qu'il paraisse vouloir la
guerre. Son ressentiment, bien légitime d'ailleurs contre
l'Angleterre, par laquelle il a été en 1840 joué et renversé, ne serait-il pas pour qnelque chose dans cette
manie anglophobique, dont sont possédés les journaux
placés sous son influence ? Nous serions fort embarras-
sés d'ailleurs pour combattre en détail son système de
politique extérieure ; nous ne lui connaissons pas en
effet de système, nous ne lui connaissons que des tendances. Une chose nous étonne. Quoi ! Sans cesse les
ultra-conservateurs attaquent la conduite qu'a tenue le
1ᵉʳ mars, et jamais l'opposition ne cherche à la justifier.
Si M. Thiers n'a pas commis les fautes qu'on lui re-

proche, justifiez-le; s'il les a commises, ne le prenez pas pour chef.

La France placée au milieu de nations ennemies , les unes de ses principes, les autres de ses intérêts, ne peut au jour du danger compter que sur elle – même. Aussi ne doit-elle se laisser arrêter par aucun sacrifice pour élever ou réparer ses forteresses, garnir ses arsenaux, organiser fortement son armée et se préparer une bonne réserve, pour former ses gardes nationales dont les bataillons seraient mobilisés au premier appel. Elle a besoin d'une puissance militaire formidable, et doit toujours être prête à la déployer, non pour satisfaire le besoin d'émotions de quelques hommes, mais pour servir une cause que la raison et la justice la plus sévère pussent avouer. Ne provoquer personne par d'injustes prétentions, et ne compter sur personne, voilà quelle doit être suivant nous la politique de la France. Nous voulons la France modérée et calme mais ferme, pacifique mais toujours la main sur son épée.

Au dedans, la destruction de la corruption gouvernementale et la défense énergique de tous les intérêts; au dehors une politique calme, sans forfanterie comme sans faiblesse, voilà en quelques mots, d'une manière générale, le programme du parti nouveau que nous voudrions voir se constituer sur les débris de toutes ces coteries parlementaires, dont les mesquines rivalités fatiguent depuis si longtemps le pays.

Dans un programme nettement formulé, imprimé et signé par tous ceux qui l'adopteraient, que d'avantages ne trouveriez-vous pas ! D'abord, vous ne vogueriez plus à l'aventure, vous auriez une boussole et un gouvernail, vous sauriez où vous êtes et où vous allez. Et comme la confiance que vous porte le pays s'augmenterait bientôt ! Le pays craint les principes vagues et ne se livrera jamais à un parti avant de savoir précisément ce qu'il veut, le point qu'il se propose d'atteindre et qu'il ne voudrait pas dépasser. Bien convaincu que la liberté est dans nos mœurs et qu'elle ne saurait nous être enlevée, il redoute beaucoup plus l'anarchie que le despotisme ; et tout parti, qui ne lui assurera pas contre l'anarchie des garanties inébranlables, ne doit pas compter sur son appui. Et d'ailleurs, tant de fois trompé déjà, il ne peut plus croire qu'à des promesses positives et formelles. Vous vous trouveriez plus fortement engagés les uns avec les autres et offririez ainsi plus de résistance aux efforts incessants par lesquels on travaille à vous désunir ; le lien qui vous manque serait trouvé. Mais ce n'est pas tout : le chaos politique se dissiperait, chaque élément reprendrait sa place naturelle ; vous auriez des adversaires, plus de faux alliés ; on se défend assez bien, vous le savez, de ses ennemis, plus difficilement de prétendus amis.

Mais les hommes sont légers, inattentifs, oublieux ; ils ont besoin qu'on leur présente souvent et sous des formes variées les vérités qu'on veut leur inculquer. Il vous faut donc donc revenir sans cesse à votre programme, le prendre pour fond de toute votre polémique, en un mot le prêcher. Et c'est ce qu'ont fait dans tous les pays et dans tous les temps tous ceux auxquels l'humanité a dû le triomphe de quelque grande réforme. D'ailleurs un parti, qui ne prêcherait pas son programme avec chaleur et persévérance, prouverait par là qu'il n'y est pas sincèrement attaché, qu'il ne s'en sert que comme d'un instrument pour son ambition, et compromettrait ainsi toute son autorité morale. Chacune des réformes, à la défense desquelles vous vous dévoueriez, devrait être, à des intervalles peu éloignés, reproduite par vos journaux; elle devrait être aussi chaque année reproduite sous forme de proposition à la tribune; et pour ne pas perdre un temps précieux en inutiles redites, un orateur pour l'exposition, un autre pour la réplique devraient suffiire, et il serait immédiatement après passé au vote.

Le programme devrait être pris par le parti comme la règle de tous ses jugements sur les choses et sur les hommes; plus d'opposition systématique par conséquent. Contester publiquement ce qu'on sait être la vérité, soutenir publiquement ce qu'on sait être l'erreur, c'est de la part d'hommes, dont le premier devoir est de former l'opinion, un acte répréhensible, nous dirions même immoral ; c'est ensuite une maladresse notoire. Nous sommes sans doute fort loin de penser que le corps électoral soit aussi bon qu'il pourrait l'être, et nous trouvons qu'il faut par de nombreuses et larges réformes le profondément modifier; mais nous soutenons que, devant le corps électoral tel qu'il est composé, une bonne cause bien défendue doit triompher. L'essentiel est donc de se faire une bonne cause et de la bien défendre; l'essentiel est donc d'avoir le plus souvent possible raison. Or, n'est-il pas évident que contredire toujours le ministère, c'est nécessairement se donner tort quand il a raison, se nuire alors dans l'esprit de tous les hommes sensés, c'est prêter imprudemment le flanc à ses adversaires, qui eux aussi ont une épée pour frapper. Toute attaque mal dirigée, au lieu de tomber sur l'attaqué, retombe sur l'attaquant. Faire toujours de l'opposition, n'est-ce pas aussi ôter à son opposition toute autorité ? Vous laissez-vous prendre en flagrant délit de mensonge ? vous ne serez plus crus non seulement quand vous ne direz pas, mais même quand vous direz la vérité. Vos adversaires ont-ils raison ? mettez-vous habilement de leur côté, parlez, si vous le pouvez, mieux et plus haut qu'eux ; ont-ils tort, écrasez-les.

Quant aux attaques contre les personnes, elles n'ont jamais, nous le croyons, amélioré une mauvaise cause et en ont quelquefois gâté une bonne. Sans doute il est un public pour lequel la déclamation, l'ironie, l'injure ont beaucoup d'attraits; mais est-ce là le public que vous avez à gagner ? est-ce celui qui forme le corps électoral et par conséquent donne le pouvoir ?

Bien savoir de quoi on parle, voilà le premier principe de la Rhétorique; bien savoir pour qui on parle, voilà le second. Pour nous, la diffamation ne serait pas notre arme; nous voudrions ne nous servir que de la logique; et pour imiter le noble exemple que donnèrent à Fontenoi les Anglais et les Français, se saluant en généreux rivaux avant de se charger, nous aimerions à leur rendre complète justice, quand nous rencontrerions parmi nos adversaires un grand ministre et un grand roi.

Ainsi un programme largement national, donnant satisfaction à tous les intérêts légitimes du pays, prêché avec ardeur et persévérance, pris pour règle de tous les jugements sur les personnes et sur les choses, voilà suivant nous toute la tactique à suivre. Quant à la stratégie parlementaire, cette petite science de petites embûches et de petites ruses, utile sans doute à la mesquine opposition contre les personnes, la grande opposition contre les choses peut fort bien et avec avantage la dédaigner. Soyez toujours sensés, toujours honnêtes, toujours énergiques, et vous serez assez adroits.

Mais il ne suffit pas à un parti de s'adresser en masse à son pays par la prédication publique de son programme; il faut encore qu'il s'adresse isolément à plusieurs des fractions qui le composent et se mette avec elles en contact intime; le prosélytisme général doit être fortifié par un prosélytisme partiel, si l'on peut ainsi dire. C'est ainsi que le parti, défendant les intérêts du commerce, devra entrer en rapport avec toutes les sociétés de commerce établies dans les grandes villes , sociétés qui l'aideront de leurs renseignements précieux, de leurs connaissances spéciales , qui l'aideront de leur vote au moment des élections, peutêtre aussi de leur bourse. Ainsi des intérets de l'agriculture, ainsi de tous les autres intérêts. Partout où un intérêt légitime religieux, matériel, de quelque nature qu'il soit, est en souffrance, vous devez accourir, réunir les hommes qui y sont attachés , leur faire formuler leurs plaintes , auxquelles vous donnerez par votre parole et vos journaux un vaste et utile retentissement. Que votre parti soit, ce qu'il doit être, une vaste coalition de tous les opprimés contre l'oppression, et vous pouvez compter sur un prochain triomphe.

Mais c'est surtout avec les électeurs que vous devez organiser des rapports réguliers et suivis. Vous avez deux juges : la chambre et le corps électoral. Celle-là n'est qu'une cour secondaire; celui-ci représente une cour suprême confirmant ou cassant les arrêts, prononçant en dernier ressort. C'est donc ce dernier tribunal qu'il s'agit surtout de gagner. Le soin de préparer les élections prochaines doit être pour vous dès ce moment même le premier soin; tout autre doit y être subordonné ; toute journée , dans laquelle vous n'aurez rien fait pour ce grand objet, devra être regardée par vous comme une journée perdue, et vous n'avez pas de journée à perdre. Il ne faut pas l'oublier, ce ne sont pas seulement des votants que vous devez chercher à recruter, mais des capacités. Un parti n'est pas seulement puissant par son nombre, il l'est aussi par la force et la variété des talents qu'i possède. Voyez l'opposition des quinze ans, quel riche faisceau de lumières ne réunissait-elle pas? Il semble que toutes les hautes positions sociales, toutes les carrières eussent fourni pour la former tout ce qu'elles comptaient de plus distingué, de plus élevé et de plus influent. Chercher partout les hommes capables, les attirer à soi et les faire servir à ses desseins, voilà un des premiers secrets de l'art de gouverner. Ce secret tous les grands partis et tous les grands hommes, qui ont remués le monde, l'ont connu. Parmi les partis nous citerons les jésuites ; parmi les grands hommes Napoléon.

Mais qu'un certain nombre d'hommes se rencontrent, d'accord sur quelque grande réforme et décidés à travailler à son triomphe, que doivent-ils faire ? Se réunir, associer leurs efforts et les diriger vers le but à atteindre, en un mot s'organiser. Isolés, ils seraient faibles : unis et organisés, ils deviendront bientôt puissants. Comment la gauche-Barrot pourrait-elle s'organiser? Tel sera le sujet de notre troisième lettre.

Typogr. d'Amédée Saintin.